1913

FRANÇOIS-MARIE AROUET

DE VOLTAIRE,

NÉ A CHATENAY, LE 20 FÉVRIER 1694; MORT LE 30 MAI 1778.

 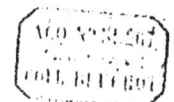

Voltaire représente à lui seul le dix-huitième siècle. Il l'a traversé presque tout entier : il l'a rempli de ses travaux et de son influence : plus qu'aucun de ses contemporains, il en a reçu l'empreinte, exprimé les mœurs et les opinions, secondé les tendances : il s'est trouvé en rapport avec les personnages les plus remarquables de cette grande époque : il a décidé ou précipité les mémorables changements qui l'ont signalée. Considérée sous ce point de vue, l'histoire de Voltaire pourrait être en même temps l'histoire de son siècle. Sans prétendre, dans une simple notice, embrasser un plan aussi vaste, peut-être n'est-il pas inutile de rappeler en peu de mots quel était en France l'état de la société au moment où Voltaire parut sur la scène du monde, et d'indiquer ainsi quels rapports ont dû s'établir entre cette société et son génie.

Louis XIV n'était plus : le sceptre, que ses mains avaient porté avec dureté, mais avec éclat, venait de tomber en des mains moins fermes, laissant encore l'état sans institutions et sans unité, et la société sans appui. Le progrès des esprits pendant les jours brillants de son règne avait ébranlé les traditions du moyen âge : en politique, en religion, en littérature, l'esprit de soumission faisait place insensiblement à l'esprit d'examen. La révolution de 1688 avait établi à côté de nous un foyer de lumières et d'indépendance. Partagée entre l'autorité des anciennes croyances et l'ascendant, chaque jour plus prononcé, des opinions nouvelles, la société flottait dans le doute et dans l'incertitude : l'investigation pénétrait partout; l'évidence ne paraissait encore nulle part. Fatigués du régime de contrainte qui, si long-temps, avait comprimé toutes les facultés humaines, les esprits aspiraient à la liberté : long-temps courbés sous une autorité intolérante, ils se montraient avides de juger et portés à juger avec sévérité : on était impatient de ce que l'on connaissait, sans savoir bien précisément encore ce qu'on voulait mettre à la place : il était aisé de prévoir que le siècle qui se préparait ne serait point le siècle des créations, mais le siècle de la critique.

Ces dispositions hostiles ne trouvaient, il faut l'avouer, que trop d'aliment : le vice ou l'absence des institutions, l'inégalité des charges publiques, l'esclavage de la presse, les entraves de l'industrie, les prodigalités du pouvoir absolu, les vexations du fisc, la férocité des lois criminelles, l'incohérence et les lacunes des lois civiles, les fausses directions données à l'enseignement de la jeunesse, les aberrations de la philosophie scolastique, les préjugés de toute espèce hérités des temps barbares, n'offraient pas une faible matière aux censures de l'opinion. L'état des mœurs publiques n'était pas moins déplorable : décorée d'un vernis de politesse dans les premières années de Louis XIV, couverte d'un manteau d'austérité sous madame de Maintenon, la licence avait éclaté sans pudeur au commencement de la régence : la nation n'était pas corrompue encore; cependant la corruption dominait dans la société; car les classes supérieures n'avaient plus de mœurs, et les classes inférieures n'avaient pas encore d'influence. La religion elle-même, cette auguste émanation de la divinité, s'était altérée dans la main des hommes. Le fanatisme, la bigoterie, régnaient encore; le sentiment religieux était presque éteint. L'ambition, l'intérêt, usurpaient insolemment le nom sacré de la religion pour s'ouvrir les routes de la fortune ou du pouvoir; l'hypocrisie, pour couvrir d'un voile respecté les désordres d'une vie coupable; la superstition, pour étouffer des vérités utiles; l'intolérance, pour renouveler dans les Cévennes les horreurs de la Saint-Barthélemi : mais, quand son nom était partout, son esprit n'était presque nulle part. Peu à peu, comme il n'arrive que trop souvent, l'abus avait compromis la chose elle-même : beaucoup s'étaient éloignés de la religion, en voyant à quels usages on la faisait servir; et, si la légèreté, si l'amour des plaisirs avaient fait des incrédules, la bulle *Unigenitus* et les dragonnades en avaient fait davantage. Tel était l'état des esprits, lorsqu'un brillant succès dramatique révéla Voltaire à la France.

Né dans les dernières années du dix-septième siecle(1), élevé durant sa première enfance par l'ami de Ninon (2), confié plus tard à l'éducation un peu mondaine des jésuites, conduit chez Ninon au sortir du collége, répandu bientôt dans les sociétés épicuriennes des Chaulieu, des Sulli, des La Fare, Voltaire avait uni de bonne heure, à la sagacité rapide, à l'active imagination, à la vive et mobile sensibilité qu'il tenait de la nature, l'urbanité, l'élégance facile, les graces légères que donne l'usage du grand monde, et la hardiesse de pensée qu'il avait puisée dans les impressions de son enfance et de sa jeunesse. D'abord contrarié par sa famille dans son goût pour la poésie, menacé d'une

---

(1) François-Marie Arouet, si célèbre depuis sous le nom de Voltaire, naquit à Chatenay, près Paris, le 20 février 1694. Son père, après avoir exercé avec honneur l'état de notaire, était devenu trésorier de la chambre des comptes; sa mère, Marguerite d'Aumart, appartenait à une famille noble du Poitou. Le jeune Arouet vint au monde presque mourant; il ne put recevoir le baptême que le 21 novembre 1694; cette circonstance a trompé quelques biographes sur l'époque précise de sa naissance.

Le nom de *Voltaire* lui fut donné par sa famille, suivant un usage alors assez commun, pour le distinguer de son frère aîné.

(2) L'abbé de Châteauneuf. Il était lié avec la mère de Voltaire, et il avait servi de parrain au fils.

lettre de cachet, exilé en Hollande à la suite de l'ambassadeur Châteauneuf, relégué à Saint-Ange auprès du vieux Caumartin, jeté à la Bastille pour une satire qu'il n'avait pas faite, accueilli enfin à la scène française, il débutait dans la carrière des lettres par un triomphe : à vingt-quatre ans, l'auteur d'*OEdipe* montrait déja, non le génie créateur qui devait ouvrir de nouvelles routes à la tragédie, mais le plus brillant imitateur et presque l'héritier du style de Racine.

Un succès nouveau devait bientôt ajouter encore à ce premier succès: la *Henriade* allait enrichir la France, sinon d'une épopée, du moins d'un ouvrage où la poésie la plus brillante s'allierait aux enseignements de la raison la plus pure.

Couronné, à vingt-huit ans, d'une double palme littéraire, indépendant par sa fortune, recherché dans la société, accueilli par les grands, Voltaire alors semblait voué pour toujours au culte de la poésie. Un évènement imprévu vint changer sa destinée. Cruellement insulté par le vil héritier d'un grand nom, il veut demander vengeance aux lois; elles sont muettes : à ses nobles amis; ce n'est qu'un plébéien outragé par un grand seigneur; ils ne daignent pas s'en apercevoir à son courage; la Bastille et l'exil lui répondent. Repoussé de toutes parts, il abandonne enfin l'agresseur et ses complices au mépris qu'ils méritent; il passe en Angleterre. Pendant trois ans, il y respire l'air de la liberté: il s'y pénètre des écrits de Newton, de Locke et de Shakespeare; et, riche de connaissances et d'idées nouvelles, il rapporte dans sa patrie l'*Essai sur la poésie épique* (1), *Brutus, la Mort de César*, et les *Lettres sur les Anglais*.

Ici commence la carrière philosophique de Voltaire; ici son talent dramatique prend aussi une direction nouvelle. Dans OEdipe, dans Artémire, dans Marianne, on avait applaudi l'élégant imitateur de Racine : dans *Brutus*, dans *Zaïre*, dans *la Mort de César*, l'imitateur disparaît pour ne montrer plus que Voltaire. Moins parfait dans son

---

(1) Cet ouvrage, composé en Angleterre, fut d'abord écrit en anglais.

style, moins scrupuleux sur le choix des ressorts dramatiques, déjà il commence à se montrer plus naïf, plus passionné, plus tragique, à présenter au spectateur des tableaux plus imposants, à mêler aux émotions du théâtre des instructions plus profondes.

Zaïre, qui, par l'époque et le lieu de la scène, par les caractères de Lusignan et de son fils, semble se rapprocher du genre historique, appartient aussi, par les caractères de Zaïre et d'Orosmane, à ce genre idéal que la tragédie peut, je crois, admettre dans les ouvrages dont l'intérêt repose sur les mouvements du cœur. Le charme des sentiments les plus aimables, les combats de l'amour et de la religion, les tourments de la jalousie dans une ame aussi confiante que tendre et généreuse, ouvrirent des sources de pathétique inconnues jusqu'alors: les noms français, prononcés pour la première fois sur notre scène, parurent une innovation heureuse, que Voltaire ne tarda pas à reproduire dans la tragédie imparfaite, mais touchante, d'*Adélaïde du Guesclin.*

La Mort de César ne put être représentée que sur un théâtre de collége. Cette pièce attira même sur son auteur une demi-persécution. On lui fit un crime des sentiments républicains répandus dans sa tragédie : la police trouva que Brutus et Cassius ne parlaient pas un langage assez monarchique.

Chaque jour, en effet, l'auteur de *la Henriade* était arraché à ses travaux par des persécutions sans cesse renaissantes. D'obscurs écrivains, que souvent il avait aidés de sa fortune ou de son crédit, le harcelaient de leurs libelles. Des ames charitables se faisaient un point de conscience de dénoncer incessamment au pouvoir un auteur encore irréprochable par ses ouvrages, mais connu pour la liberté de ses opinions. Une administration tracassière accueillait sans examen ces délations journellement répétées : c'étaient à chaque instant de nouveaux dangers à craindre, de nouveaux orages à conjurer. Persécuté pour *la Mort de César,* persécuté pour l'élégie *sur la mort de mademoiselle Lecouvreur,* persécuté pour *le Temple du Goût,* persécuté pour *les Lettres philosophiques*, persécuté pour l'*Épître à Uranie*, Voltaire perd enfin patience : il quitte la capitale, et, renonçant aux lettres, dont la culture n'est pour lui qu'une source de dégoûts et de périls, il veut aller cacher sa vie et la consacrer à l'étude des sciences dans le sein de la retraite et de l'amitié.

Madame du Châtelet, fille du baron de Breteuil, possédait une terre à Cirey, sur les frontières de la Lorraine. Élevée avec soin, douée d'une force d'esprit peu commune en tout temps, rare surtout alors chez les personnes de son sexe et de sa condition, elle avait su allier, à l'amour des plaisirs, au goût des frivolités, le goût de l'instruction et des études sérieuses. Le rapport des penchants, l'accord des opinions, rapprochèrent bientôt Émilie et Voltaire : un lien, peut-être plus tendre que l'amitié, s'établit entre eux. Ce fut auprès d'Émilie que Voltaire, las de servir de jouet à l'arbitraire, alla chercher un asile contre les traits de l'envie et contre les vexations du pouvoir.

Cet asile devint bientôt un temple consacré aux sciences. Cirey vit se former dans son enceinte une bibliothèque, un laboratoire, un cabinet de physique : des savants illustres vinrent le visiter. L'étude de la physique et celle de l'astronomie occupèrent quelque temps Voltaire : il composa, sur *la nature des forces motrices*, un mémoire qu'approuva l'académie des sciences : il obtint, ainsi que madame du Châtelet, une mention honorable à l'un des concours de cette académie : il composa les *Éléments de la philosophie de Newton*, exposition superficielle, sans doute, mais simple et lumineuse, d'une philosophie encore peu connue en France. Ce livre, qui est fort peu de chose pour la gloire de Voltaire, fut pourtant utile; il popularisa des découvertes importantes, trop négligées jusqu'alors; il acheva de discréditer la physique des écoles. Un trait peindra l'administration de cette époque. Le chancelier d'Aguesseau, élevé dans la philosophie cartésienne, ne voulut jamais accorder de privilége pour l'impression des *Éléments de Newton* : il n'était pas permis, dans cet heureux temps, de penser, même en physique, autrement qu'un chancelier de France.

Mais en vain Voltaire s'était promis de rompre avec les lettres: ses amis, et surtout son penchant, le rappelaient incessamment dans la carrière dont il avait cru sortir pour toujours. Il passait de la physique à la littérature, de la littérature à la physique: ses jours étaient remplis de mille travaux divers; sa tête active suffisait à tout. Tandis qu'il écrivait sur la gravitation, qu'il répétait les expériences de Newton sur la lumière, il composait *Alzire, Mahomet, Mérope*; il achevait les *Discours sur l'homme*; il écrivait l'*Histoire de Charles XII*, esquissait la *Philosophie de l'histoire*, commençait le *Siècle de Louis XIV*, préparait l'*Essai sur les mœurs*.

Mahomet, représenté à Lille en 1741, ne put d'abord l'être à Paris. On voulut voir, dans cette tragédie, une satire indirecte contre la religion chrétienne. Voltaire, pour toute réponse, dédia sa pièce au pape Benoît XIV, qui lui répondit en termes flatteurs et lui envoya des médailles. Crébillon fut plus difficile en fait de religion que le chef de l'église; il refusa, comme censeur dramatique, d'approuver l'ouvrage de son rival et de son vainqueur.

Mérope éprouva moins d'obstacles, et valut à son auteur le plus brillant triomphe. Présent à la représentation, il fut demandé à grands cris par les spectateurs. Il parut dans la loge de la duchesse de Villars, et, sur l'invitation du parterre, il reçut de cette dame la même récompense qu'Alain Chartier avait reçue autrefois de la princesse Marguerite. C'était la première fois que le public demandait un auteur pour lui décerner un hommage: depuis, cet honneur, trop prodigué, a perdu de son prix.

La fortune semblait alors sourire à Voltaire. Madame de Pompadour venait de succéder à madame de Châteauroux dans un poste que la pudeur publique nous défend de nommer. Voltaire l'avait connue avant sa faveur: il trouva en elle un appui. Le grand homme consentit à devenir le protégé, et même un peu le flatteur de la favorite.

Vingt ouvrages pleins de génie et d'une philosophie bienfaisante n'avaient produit à leur auteur que des persécutions et des outrages : il se vit recherché, comblé de dons et d'honneurs, pour avoir su plaire à la maîtresse d'un roi.

Pendant quelques instants, Voltaire fut le poète lauréat de la cour : il composa pour elle la *Princesse de Navarre*, le *Temple de la Gloire*, le poëme de *Fontenoi* : il rédigea quelques mémoires diplomatiques. Pour prix de ces travaux, qui ajoutaient peu à sa renommée, il fut créé historiographe de France et gentilhomme de la chambre ; il fut même un moment question de l'admettre aux *petits soupers*.

Une autre faveur le flatta davantage. Depuis long-temps, Voltaire désirait entrer à l'Académie Française : soit que son amour-propre ne fût pas insensible à cet honneur, soit qu'il espérât y trouver une sauve-garde contre la persécution. Après le succès de *Brutus*, il avait songé à solliciter le fauteuil ; De Boze, l'un des membres les plus influents du sénat littéraire, avait prononcé que Voltaire *n'avait rien d'académique* : après le succès de *Mérope*, il s'était mis sur les rangs une seconde fois ; le ministre Maurepas et le théatin Boyer l'avaient encore écarté, malgré la protection de madame de Châteauroux. Soutenu par madame de Pompadour, il fut admis enfin à remplacer le président Bouhier. L'envie se déchaîna contre lui avec plus de fureur que jamais ; mais du moins il fut permis à l'auteur de la *Henriade* d'honorer l'académie en siégeant parmi ses membres. Son discours de réception fut remarquable par une innovation heureuse. Aux froids compliments, aux éternels lieux communs qui, jusqu'alors, avaient seuls fait les frais de ces compositions, Voltaire substitua une élégante dissertation sur le génie des langues et sur l'art de traduire. Cet exemple a passé en usage, et les solennités académiques en ont acquis un intérêt qu'elles n'avaient pas eu jusqu'alors.

Mais cette faveur passagère, qu'un souffle lui avait apportée, un souffle devait bientôt la lui ravir. La haine ne sommeillait pas : elle alla chercher, pour l'opposer à Voltaire, le vieux Crébillon, dès long-temps retiré de la scène : elle sut intéresser la vanité de la favorite à protéger la vieillesse d'un homme de talent, dont on voulut bien faire un homme de génie. *Catilina* fut représenté à la cour, applaudi, imprimé au Louvre, avec une affectation d'enthousiasme offensante pour Voltaire, qu'on semblait rabaisser au-dessous de son rival. A ce premier désagrément se joignirent quelques tracasseries. Voltaire laissa percer son mécontentement : madame de Pompadour se refroidit à son égard : le poète, justement blessé d'une préférence qu'il avait droit de regarder comme un affront, quitta la cour, où son triomphe d'un moment avait multiplié ses ennemis sans ajouter à son bonheur.

Mais, en se retirant, il voulut prendre une vengeance digne du génie outragé par une inconvenante comparaison. Il s'empara des sujets que Crébillon avait traités, et trois fois il jouit du plaisir d'accabler de sa supériorité le trop faible émule qu'on lui avait opposé. L'esprit de parti contesta un moment cette supériorité qui n'est plus contestée aujourd'hui. *Sémiramis*, *Oreste*, *Rome sauvée*, furent les fruits de cette utile émulation.

Retiré une seconde fois à Cirey, Voltaire, heureux auprès de son amie, se refusait encore aux instances de Frédéric, qui cherchait à l'attirer dans sa cour. La liaison de ces deux hommes célèbres avait commencé depuis long-temps. Frédéric, lorsqu'il n'était encore que prince royal de Prusse, avait recherché Voltaire : une correspondance s'était établie entre eux. Depuis l'avènement du prince au trône de Prusse, la correspondance avait continué ; Voltaire avait fait plusieurs voyages auprès de Frédéric, qui, pour le retenir, avait prodigué les invitations et les caresses. Voltaire avait toujours refusé de se séparer d'Émilie.

Au mois de septembre 1749, madame du Châtelet meurt à Lunéville, où les deux amis étaient allés passer quelque temps à la cour de Stanislas. Sa mort brise le lien qui enchaînait Voltaire à la France. Il se voit libre ; ses ennemis continuaient de le fatiguer de leurs attaques ; Frédéric redoublait ses instances ; il cède enfin. Après un séjour de peu de mois à Paris, il dit adieu à la France, et va porter encore à Postdam la clef de chambellan et la dangereuse faveur des rois. La cour de France, qui le négligeait quand il était présent, fut offensée de son départ.

Voltaire reçut de Frédéric l'accueil le plus enivrant. Logé dans le palais du monarque, admis tous les jours à sa table, libre de toute contrainte, traité, non en sujet, mais en égal et en ami, un moment il se crut arrivé au terme de ses épreuves. Philosophe sur un trône despotique, artiste et poëte au milieu d'un camp, ennemi des préjugés chez un peuple encore sans lumières, Frédéric avait peuplé sa cour de savants et de littérateurs étrangers, dont il avait composé son académie. Il aimait à faire au milieu d'eux l'homme de lettres, à oublier, à faire oublier le roi. L'abandon, la gaîté, une liberté d'opinions qu'on eût peut-être appelée d'un nom différent chez tout autre que chez un prince, régnaient dans ses soupers, dont il n'était pas le convive le moins brillant ni le moins aimable. Voltaire, à ses côtés, exerçait toutes les séductions de l'esprit et l'empire du génie : séduit lui-même, il croyait, après une vie orageuse, avoir enfin touché le port : il ne parlait de sa situation qu'avec ravissement, et de Frédéric qu'avec enthousiasme. Mais l'envie veillait à Postdam comme à Paris.

La faveur dont jouissait Voltaire, sa supériorité reconnue offusquaient plusieurs de ses nouveaux confrères. On lui suscita des dégoûts : on excita contre lui La Beaumelle, jeune écrivain qui cherchait à se faire un nom. On le calomnia près du roi ; on calomnia le roi près de Voltaire. Des rapports officieux firent insensiblement succéder à la confiance, à l'intimité, la froideur et les défiances. La querelle de Voltaire avec Maupertuis (1), dans laquelle Frédéric eut le double tort d'intervenir, et d'intervenir comme roi, amena une rupture, suivie d'une réconciliation qui rassura médiocrement Vol-

---

(1) Maupertuis, savant distingué, mais peu sociable, était président de l'académie de Berlin.

taire. Enfin, après trois années de séjour en Prusse, il en sortit presque furtivement, sous prétexte d'aller prendre les eaux de Plombières. En partant, il promit de revenir; promesse peu sincère sans doute: car, avant son départ, il avait eu soin de retirer ses fonds qu'il avait fait aussitôt passer à l'étranger.

A peine a-t-il quitté Postdam, que les manœuvres contre lui recommencent. On lui attribue des épigrammes contre le roi : on fait craindre à ce dernier que Voltaire n'abuse de ses œuvres, dont il est dépositaire. Frédéric, alarmé, charge Freytag, son résident à Francfort, où Voltaire devait passer, de retirer le précieux volume. Le servile et insolent subalterne conclut de cet ordre que le poète est en disgrace, que l'insulter est un moyen de plaire à son maître. Après avoir visité plusieurs cours de l'Allemagne, trouvant partout l'accueil le plus flatteur, Voltaire arrive à Francfort. Il y est arrêté avec éclat, traité avec outrage, et retenu, pendant trois semaines, prisonnier dans une mauvaise auberge. Sa nièce, madame Denis, accourue pour lui donner des soins, partage sa captivité.

Voltaire conserva toute sa vie le ressentiment de cette injure. Frédéric eut le bon esprit de rougir d'un acte qui ternissait sa gloire. Peut-être n'eût-il pas dû se borner à désavouer, sans le punir, le misérable qui avait si scandaleusement abusé de son nom; du moins chercha-t-il, quelques années plus tard, à réparer, par un retour spontané, par des prévenances nouvelles, l'indigne procédé dont Voltaire avait à se plaindre.

Rendu à la liberté, désabusé un peu tard de la faveur des grands, Voltaire s'arrêta quelques jours chez l'électeur palatin, *pour sécher ses habits mouillés du naufrage.* De là il se rendit à Colmar, où il prolongea son séjour. Ce fut dans cette ville qu'il termina et qu'il fit imprimer les *Annales de l'Empire,* commencées chez la duchesse de Saxe-Gotha. Pendant environ deux années, il hésita sur le choix d'un asile. La malveillance du jésuite Croust et de l'évêque de Colmar, qui voulut, dit-on, l'excommunier, l'obligèrent de s'éloigner.

La cour de France, pressentie sur son retour à Paris, répondit peu favorablement (1). En attendant qu'il eût trouvé une retraite, Voltaire passa quelques mois à l'abbaye de Sénones, dans la société du savant dom Calmet, qui crut l'avoir *converti*. Il visita les eaux de Plombières; il se reposa quelques jours à Lyon, dont l'archevêque, Tencin, ne voulut ou n'osa point le recevoir, mais dont les habitants le comblèrent d'hommages, auxquels son ame, brisée par les scènes de Francfort, fut profondément sensible. Enfin, étant allé consulter à Genève le célèbre Tronchin, il sourit à l'idée de se fixer dans un pays libre. On lui proposa une habitation agréable sur les bords du lac. D'après les lois, un catholique ne pouvait s'établir à Genève, ni dans les cantons protestants de la Suisse. Voltaire « trouva plaisant « d'acquérir des domaines dans le seul pays de la terre où il ne lui fût « pas permis d'en avoir. »

En cherchant un abri contre la haine du gouvernement et du clergé français, Voltaire ne crut pas toutefois devoir se mettre à la discrétion de ses nouveaux hôtes. Il voulut avoir un asile à Genève contre les tracasseries qu'on lui susciterait en France, et un asile en France contre les tracasseries qu'on lui susciterait à Genève. Dans ce dessein, après avoir occupé quelque temps le château de Tourney, il prit le parti d'habiter alternativement Ferney, sur les terres de France, et *les Délices* sur les terres de Genève.

De ce moment date pour Voltaire une existence nouvelle. Cette indépendance qu'il a tant souhaitée, qu'il a cru trouver à la cour d'un monarque absolu, il l'a conquise enfin, et il ne la doit qu'à lui-même. Possesseur d'une grande fortune (2), riche d'une gloire euro-

---

(1) Il paraît que des copies de la *Pucelle*, répandues et falsifiées par les ennemis de Voltaire, avaient indisposé le gouvernement.

(2) Voltaire tenait de sa famille une honnête aisance, qu'avait encore augmentée la mort d'un frère aîné, dont il avait recueilli l'héritage. Une souscription, ouverte en Angleterre pour la publication de la *Henriade*, lui avait procuré des bénéfices

péenne, en correspondance avec plus d'une tête couronnée, il va se trouver investi de la dictature des lettres et de celle de l'opinion. Sa plume sera une puissance, ses jugements seront des oracles. D'innombrables clients viendront de toutes les parties de l'Europe solliciter de lui la faveur d'une parole ou d'un regard : des princes même tiendront à honneur de devenir ses hôtes. Ce n'est plus cet écrivain entouré d'ennemis, sans cesse menacé dans son existence sur les plus frivoles prétextes, en butte à toutes les susceptibilités du pouvoir arbitraire : c'est un souverain glorieux et respecté, qu'environnent l'admiration et l'amour des peuples. Voltaire alors entrait dans sa soixante et unième année.

Loin d'être affaibli par l'âge, son génie, ravivé par la liberté, semblait être devenu plus fécond, et peut-être plus original encore. Pendant les vingt-trois années que dura cette singulière existence, il fit paraître plus d'ouvrages qu'il n'en avait publié pendant les quarante années de son séjour dans le monde. L'*Orphelin de la Chine*, *Tancrède*; un poëme célèbre, que la morale condamne, mais que le goût est contraint d'admirer; la *Philosophie de l'histoire*; l'*Essai sur les mœurs et l'esprit des nations*; le *Dictionnaire philosophique*; le *Commentaire sur Corneille*; des satires remplies de sel; des épîtres où l'on retrouve l'enjouement et la facilité d'Horace avec une philosophie plus élevée; vingt contes charmants, où respire la grace de La Fontaine, embellie d'une élégance que La Fontaine n'a point connue; des romans où l'instruction se cache sous des formes aussi neuves que piquantes; une foule innombrable de légers pamphlets, de lettres, de pièces

---

considérables. Une spéculation heureuse sur un emprunt en forme de loterie, ouvert par le contrôleur-général Desfort, y avait ajouté des bénéfices nouveaux. Ses fonds, avantageusement placés dans diverses entreprises commerciales, entre autres, dans la fourniture des vivres d'Italie, confiée à Pâris Duverney, avaient beaucoup fructifié. Les libéralités de Frédéric et des autres princes de l'Allemagne avaient encore accru sa fortune. A l'époque de son établissement aux *Délices*, elle s'élevait à environ 80,000 liv. de rente.

fugitives; tels furent, à Ferney, les fruits de sa retraite et les travaux de sa vieillesse.

Mais le meilleur ouvrage de Voltaire, il nous l'a dit lui-même, c'est le bien qu'il a fait (1). C'est une noble réponse qu'il a préparée, dans l'avenir, aux outrages de ses détracteurs. Qu'on jette, en effet, un regard sur ces dernières années de son existence : quelle vie fut plus remplie d'actions utiles et généreuses? Il conserve l'héritage de jeunes orphelins, dont le bien était engagé à des moines; il sollicite en faveur de Bing, victime innocente du ministère anglais; il adopte la nièce de Corneille; et, joignant la délicatesse à la bienfaisance, il trouve un moyen de la doter avec le prix des œuvres de son oncle; il protége les Calas; il dénonce à l'Europe les assassinats juridiques de Martin et du jeune Labarre; il fonde à Ferney une colonie dont il devient le protecteur; il affranchit les serfs du Jura; il sauve la famille des Sirven et la veuve de Montbailly; il venge la mémoire de Lally; il délivre le pays de Gex des vexations du fisc. Son infatigable activité ne laisse échapper aucune occasion de signaler des abus, d'appeler des réformes salutaires; il flétrit les cruautés du fanatisme; il invoque à grands cris la tolérance religieuse et politique; il s'élève contre le sang versé; il implore, avec Beccaria, la réforme des lois criminelles; il seconde, il défend la belle entreprise de l'Encyclopédie; il encourage l'administration bienfaisante de Turgot; il récompense même de ses louanges les princes ou les ministres étrangers dont les actes paraissent favorables à l'humanité; d'Aranda, réprimant les excès de l'inquisition; Christiern, proclamant dans ses États la liberté de la presse; Catherine, abolissant la torture et réprimant les usurpations du pouvoir sacerdotal. Partout sa voix se fait entendre; partout elle protége le faible et l'opprimé, poursuit l'erreur, démasque le mensonge et flétrit la cruauté. Cette puissance morale, cet empire exercé par le génie, sans le concours du pouvoir, est un phénomène

---

(1) « J'ai fait un peu de bien; c'est mon meilleur ouvrage. »

unique dans les annales du genre humain : il était réservé au dix-huitième siècle d'en être le témoin.

Toutefois, au milieu des justes hommages que l'équitable histoire a décernés à Voltaire, elle n'a point dû dissimuler quelques torts de sa vieillesse. Après avoir long-temps opposé aux attaques de ses ennemis un noble silence ou une défense modérée, sur la fin de ses jours il se montra trop sensible à la critique, qu'il ne repoussa pas toujours avec assez de mesure et de dignité. Il a mérité un reproche plus grave : plusieurs de ses derniers écrits ont porté atteinte à des objets qu'on doit respecter, et les traits du ridicule, qui n'auraient dû jamais atteindre que les préjugés funestes au bonheur des hommes, se sont plus d'une fois égarés entre ses mains. En convenant de cette erreur, l'histoire ajoutera pourtant que c'est au déclin de sa carrière, après soixante ans de persécutions odieuses auxquelles la religion avait servi de prétexte, que Voltaire s'est enfin laissé entraîner à ces mouvements irréfléchis d'impatience et d'injustice; que, d'ailleurs, s'il a porté une main trop libre sur des croyances révérées, il a toujours respecté, il a même défendu plus d'une fois le principe essentiel de toutes les religions, celui sur lequel se fondent leurs rapports avec la morale et la société civile, l'existence d'un Dieu de justice et de bonté.

Nous avons parlé de ses ennemis : le temps, qui diminuait leur nombre et leur puissance, ne les avait pourtant pas entièrement désarmés, et dans cet asile même, que la gloire semblait rendre inviolable, leurs intrigues vinrent souvent troubler sa tranquillité. Tandis que les gens de lettres, et Frédéric à leur tête, s'associaient pour lui élever une statue, le parlement brûlait ses livres; l'évêque d'Annecy, l'archevêque de Paris, sollicitaient à la cour des ordres contre lui; la reine, dont on abusait la piété, demandait son exil à Louis XV. Ce prince faible, mais modéré, eut la sagesse de répondre : *Il faut bien que Voltaire soit quelque part;* et, dans une autre occasion : *Que voulez-vous que je fasse ? S'il était à Paris, je l'exilerais à Ferney.*

Cependant un désir secret, que le temps ne faisait qu'irriter, rappelait Voltaire sur l'ancien théâtre de ses épreuves et de sa gloire : entouré des hommages de l'Europe, il avait encore besoin des hommages de Paris. Au milieu de l'hiver, il quitte à quatre-vingt-quatre ans son château de Ferney, arrive dans la capitale sans être attendu, et va se jeter dans les bras de son vieil ami d'Argental. *J'ai*, lui dit-il, *interrompu mon agonie pour venir vous embrasser.*

Paris était bien changé depuis le moment où Voltaire, pour se soustraire aux dégoûts dont on l'abreuvait, était allé demander à la Prusse un repos que la Prusse n'avait pu lui donner. Trente ans écoulés avaient imprimé aux esprits une direction nouvelle : une génération avait disparu : une autre génération s'était élevée, nourrie des ouvrages de Voltaire, imbue de ses principes, idolâtre de son génie. De ses anciens ennemis, le plus grand nombre était descendu dans la tombe; d'autres avaient laissé refroidir leur inimitié pendant sa longue absence; le reste se taisait en présence de l'opinion publique. Les encyclopédistes, si long-temps opprimés, dirigeaient alors l'opinion; et cette secte puissante se prosternait devant la gloire de Voltaire, qui, sans adopter toutes ses doctrines, s'était déclaré l'allié et le protecteur de sa cause. Le patriarche de Ferney fut reçu en triomphe dans la capitale. Tous les honneurs qu'un mortel peut attendre lui furent prodigués. Dans les rues, la multitude se pressait sur ses pas, en faisant retentir l'air de bruyantes acclamations; chez lui, les hommages se succédaient sans relâche. Des grands, des ministres, des prélats même, sollicitaient l'honneur de lui être présentés. Le théâtre français, l'académie députèrent vers lui. On joua sa tragédie d'*Irène* : Voltaire assistait au spectacle : à son entrée, l'assemblée entière se leva en poussant des cris d'enthousiasme; une couronne fut placée sur sa tête octogénaire; entre les deux pièces, sa statue fut chargée de lauriers par les acteurs, aux applaudissements d'un public enivré. Dans cette soirée, Voltaire reçut le prix de soixante ans de travaux et de combats livrés pour la cause de l'humanité.

Ce triomphe lui devint funeste. Tant de jouissances, tant d'émotions achevaient d'user les ressorts de sa vie. Il ne put supporter son bonheur; et bientôt, succombant sous des impressions trop vives pour sa vieillesse, il mourut de gloire et de plaisir, peu de mois après son arrivée à Paris.

A sa mort, l'intolérance s'agita : on fit craindre un grand scandale, et l'homme à qui l'on venait de rendre des honneurs presque divins faillit manquer de sépulture. Sa famille le fit inhumer presque furtivement dans l'abbaye de Sellières, auprès de Troyes. Le gouvernement défendit aux journaux de parler de Voltaire *ni en bien ni en mal*. Peu d'années après, on décernait une apothéose à sa mémoire, et l'on plaçait ses cendres dans le Panthéon.

Nous n'avons pas la prétention de porter, dans le court espace qui nous est donné, un jugement complet sur la plus grande renommée littéraire des siècles modernes. Nous nous bornerons à présenter quelques réflexions sur le génie, sur l'influence philosophique et sur le caractère personnel de l'homme célèbre dont nous venons d'esquisser la vie.

Des qualités qui distinguent le talent de Voltaire, les plus remarquables sont, sans doute, l'abondance et la flexibilité. Nul écrivain n'a produit davantage; nul n'a été plus varié dans ses productions. Ses contemporains l'ont nommé *l'homme universel*, et il a semblé justifier ce titre par l'immensité de ses connaissances, par la souplesse de son talent, par le nombre et l'importance de ses travaux. Il a essayé avec succès presque tous les genres de littérature; il a excellé dans plusieurs. Seul de nos écrivains, il s'est placé à la fois au premier rang des poètes et au premier rang des prosateurs.

C'est le théâtre qui a commencé la réputation de Voltaire, et ses travaux en ce genre sont restés l'un de ses plus beaux titres de gloire. Entre les trois rivaux qui se partagent la scène française, c'est à lui que la palme tragique nous paraît être due. Non que nous prétendions élever son génie au-dessus du génie de Corneille et de Racine. Sa manière est moins sévère, son exécution moins ferme que celles de ces grands maîtres. Il n'a ni la mâle vigueur et les élans sublimes du premier, ni la poésie enchanteresse et la raison parfaite du second : il n'égale ni l'un ni l'autre dans la peinture des caractères : il reste bien loin d'eux pour la profondeur de la pensée et de l'expression. Mais, s'il leur est inférieur dans ces diverses parties, il les surpasse dans la partie la plus essentielle de l'art dramatique, l'effet théâtral. Le drame est fait pour être représenté, comme le discours oratoire est fait pour être prononcé : et peut-être les beautés de nos deux premiers tragiques sont-elles moins des beautés de scène que de savantes études historiques, morales ou poétiques. Il en est autrement chez Voltaire : ses beautés sont d'un genre moins large et moins noble; elles commandent moins d'admiration à la lecture; mais elles font plus d'illusion au théâtre : son talent est d'un ordre moins élevé, si l'on veut, mais il est plus le talent de la chose. S'il sacrifie quelques vraisemblances, dont l'oubli se fait peu sentir à la représentation, il imprime à l'action un mouvement plus rapide : s'il n'est pas toujours bien sévère sur le choix de ses moyens, il multiplie les effets dramatiques : s'il néglige souvent la facture du vers, il porte plus d'abandon dans son dialogue; il prête à ses personnages des accents plus vrais, plus pénétrants; il trouve plus souvent de ces mots qui sortent du cœur et qui arrachent des larmes. Il nous semble apercevoir, entre la tragédie de Racine et celle de Voltaire, les mêmes rapports qu'entre le discours écrit et le discours improvisé : le premier est supérieur par l'ordre de la composition, par la marche des idées, par l'élégance et la précision du style; mais, avec ses irrégularités et ses négligences, le second touche davantage : l'un est un œuvre plus parfait; l'autre est une action plus puissante.

Le même écrivain qui a donné à la tragédie française un nouveau degré d'intérêt et de vérité; qui, le premier, a fait parler à l'épopée sérieuse un langage digne d'elle; qui a mérité, du moins sous le rapport littéraire, le prix de l'épopée badine; qui, dans ses poésies légères, dans ses épîtres, dans ses satires, dans ses contes en vers, a su prendre tour à tour et marier tous les tons, cacher l'instruction sous les formes les plus piquantes, et mêler à la simplicité d'une conversation familière les traits de la plus haute poésie; qui, dans ses *Discours sur l'homme*, a revêtu la raison et la morale d'une expression tour à tour enjouée, noble ou gracieuse; qui a composé en se jouant des romans pleins d'originalité; qui, dans ses nombreux pamphlets, dans plusieurs de ses *dialogues* et de ses *facéties*, a manié avec un si singulier bonheur l'arme du persiflage; qui s'est placé, dans le genre épistolaire, entre Cicéron et Sévigné; ce même écrivain a fait connaître à la France la philosophie de Locke et les découvertes de Newton; a répandu de vives lumières sur les ténèbres de la métaphysique et sur celles de l'antiquité; a dénoncé les abus de la législation civile et criminelle; a, dans son *Dictionnaire philosophique* et dans ses *Mélanges*, traité avec autant d'agrément que de clarté les sujets les plus divers et les plus arides; a réuni, dans son *Commentaire sur Corneille* et dans ses articles pour l'*Encyclopédie*, le talent du critique aux connaissances du grammairien; a élevé enfin trois grands monuments historiques, et fondé, en ce genre, une école où se sont formés les premiers historiens de l'Angleterre.

La prose de Voltaire se distingue par un caractère particulier. Ce n'est ni l'expression profonde de Pascal, ni l'expression hardie et figurée de Bossuet, ni l'expression savamment travaillée de La Bruyère: c'est ce mélange d'élégance et de simplicité, de politesse et de naturel, qu'on est convenu de désigner sous le nom d'*atticisme* : c'est une facilité toujours heureuse, un tour toujours clair et précis, une propriété d'expression toujours parfaite. Ces qualités, qui sont celles d'un esprit éminemment juste, cultivé par l'usage du monde, rendent la lecture de ses ouvrages aussi aisée qu'agréable : il n'est point d'écrivain qui fatigue moins son lecteur. Toutefois, comme toute qualité est voisine d'un défaut, on doit avouer que la crainte de l'affectation ne lui permet pas de conserver toujours, dans les sujets sérieux, la gravité convenable. Il faut reconnaître encore que cette manière si pure, si bien assortie au caractère de l'éloquence tempérée, est peu favorable aux mouvements de la haute éloquence. Aussi ne trouve-t-on dans sa prose, même dans les ouvrages qui sembleraient appeler un pareil genre de beautés, ni cet intérêt de style qui anime et qui colore les belles pages de Fénélon et de Jean-Jacques Rousseau, ni cette vaste portée des paroles de Tacite et de Montesquieu. C'est même une singularité assez remarquable, que l'homme qui s'est montré si éloquent dans les rôles passionnés d'Orosmane, de Vendôme et d'Aménaïde; qui s'est élevé si haut dans plusieurs passages de la *Henriade* et dans l'*Épître sur la philosophie de Newton*, se soit constamment interdit l'élévation et l'éloquence dans ses ouvrages en prose. On serait tenté de croire que, chez lui, le prosateur était entré en partage avec le poète, et que, satisfait d'instruire et de plaire, le premier laissait au second le soin d'étonner et d'émouvoir. C'est ce qui semblerait résulter d'une réponse de Voltaire à l'un de ses amis, qui, le voyant au travail, n'osait entrer, de peur de l'interrompre. « *Entrez, entrez*, lui dit Voltaire; *je ne fais que de la vile prose.* »

Au reste, si Voltaire est inférieur, sous ce rapport, à quelques-uns de nos grands prosateurs, il compense cette infériorité par de nombreux avantages. Il a même, en ce genre, un cachet qui le distingue : c'est la physionomie éminemment française de son style. De tous nos écrivains en prose, Voltaire est, sans contredit, celui dont les ouvrages portent l'empreinte la plus fidèle et donnent la plus juste idée du génie de notre langue. Cet avantage peut tenir en partie à l'époque où il a commencé d'écrire. Nos premiers écrivains avaient trouvé la langue encore à faire; ils durent, pour la former, recourir aux modèles que leur offraient les idiomes de l'antiquité; ils fondirent dans leur style les tours, les locutions des écrivains de Rome et d'Athènes. Venu après eux, Voltaire, grace à leurs travaux, trouva la langue toute faite : il put choisir ses modèles dans la littérature française, et n'eut rien à demander aux anciens. Par là, son style, moins savant, moins brillant de facture que le style de ses devanciers, a revêtu, si l'on ose ainsi s'exprimer, des formes plus indigènes. C'est un nouveau pas qu'il a fait faire à la langue nationale : il lui a donné une marche plus indépendante, un caractère plus original : il l'a mise en possession de son génie.

Mais ce qui distingue principalement Voltaire entre les écrivains, c'est la tendance philosophique commune à tous ses ouvrages. Cette tendance se montre dans ses compositions historiques, où elle ajoute à l'instruction, mais quelquefois aux dépens de l'intérêt ; dans sa *Henriade*, où elle a remplacé, plus convenablement peut-être qu'on ne l'imagine, les fictions épiques auxquelles son siècle se serait difficilement prêté ; dans ses tragédies, où elle est devenue l'objet de critiques quelquefois fondées, plus souvent injustes ; dans ses romans, qui ne sont guère, pour la plupart, que le développement pittoresque d'une idée morale ; enfin, jusque dans ses contes les plus libres ou dans ses facéties les plus légères. La littérature semble n'être, dans ses mains, que l'instrument de la philosophie. Comme philosophe, Voltaire a été le chef d'une école fameuse, dont il convient d'examiner en peu de mots l'esprit et l'influence.

On a trop accordé à la philosophie du dix-huitième siècle ; maintenant on voudrait trop lui refuser. On proclamait, il y a cinquante ans, qu'elle avait régénéré l'esprit humain ; aujourd'hui on semble l'accuser de l'avoir égaré. Voltaire, le plus influent de ses organes, a participé au reproche comme il avait participé à l'éloge. L'un et l'autre nous paraissent avoir besoin d'explication.

Si, pour juger cette philosophie, nous faisons abstraction des circonstances au sein desquelles elle s'est formée, peut-être serons-nous fondés à la trouver incomplète et peu féconde en résultats moraux : si, comme l'équité le demande, nous voulons la juger d'après ces circonstances, on verra qu'elle a été ce qu'elle devait être pour les besoins du temps et pour le progrès de la raison humaine.

La société alors n'était plus à cette époque de soumission où les peuples, esclaves dociles de l'autorité, reçoivent d'elle, sans examen, leurs opinions et leurs croyances : elle n'avait pas encore atteint non plus ce terme où la raison, victorieuse des préjugés, n'a plus qu'à fonder tranquillement son empire : elle arrivait à cette époque de crise et d'effort où la lutte s'engage entre la vérité, trop forte désormais pour reculer, et l'erreur, trop puissante encore pour succomber sans résistance. Alors l'influence de la philosophie ne pouvait être que négative : elle n'était point appelée à fonder, mais à détruire ; avant d'instruire les hommes, elle avait à les détromper. Telle était sa mission, qu'elle a remplie avec un courage et un succès dont la raison et l'humanité ont également droit de s'applaudir. Pour arracher l'esprit humain aux fausses directions que tant de siècles d'erreur lui avaient imprimées, elle n'avait qu'une voie : se réfugier dans le doute, s'appuyer sur l'expérience ; recueillir le petit nombre de vérités constatées par l'observation ; se tenir, sur tous les autres points, dans une réserve prudente ; attendre, à leur égard, les résultats du temps et d'observations nouvelles ; jusque-là, poursuivre sans relâche les abus qui troublent la société, l'intolérance qui la déchire, les préjugés qui rendent les hommes injustes et cruels. Sans doute, l'ardeur du combat l'a quelquefois entraînée trop loin. On a pu reprocher à quelques-uns de ses disciples l'abus du scepticisme et l'hostilité contre des objets que la véritable sagesse se plaît à révérer. Mais, pour être juste, il aurait fallu lui tenir compte des illusions qu'elle a dissipées, des maux dont elle a précipité le terme et prévenu le retour. Aujourd'hui, nous sommes en droit de demander davantage à la philosophie ; nous voulons qu'elle offre à la raison des principes sûrs, à la conscience des convictions fortes et profondes, à la sensibilité un aliment, à la vie humaine un but élevé et noble. Mais, sans les progrès dus au dix-huitième siècle, où serait pour elle le moyen de satisfaire à ces exigences ? C'est lui qui a trouvé les méthodes, surmonté les résistances, aplani les obstacles, redressé les erreurs. Il n'a point atteint le but, mais il a ouvert la route : il n'a point répandu dans la société ces hautes croyances morales qui servent d'appui à la vertu, mais il a détruit les préjugés sur lesquels s'appuyaient l'injustice et l'inhumanité : il n'a été qu'une transition, mais cette transition a été pour la raison humaine un progrès immense.

Clarté, précision, justesse, avec peu d'élévation et de chaleur, tels sont, nous l'avons remarqué, les caractères du style de Voltaire dans la prose; tels sont aussi les caractères de la philosophie du dix-huitième siècle. Ce rapprochement explique peut-être en partie le rang supérieur que Voltaire occupe parmi les sectateurs de cette philosophie. Ses facultés se trouvèrent naturellement en rapport avec l'esprit de son époque; ses écrits durent en être l'expression la plus fidèle. Plus judicieux que profond, plus impatient du faux qu'avide du vrai, plus malin que grave, plus enclin à la raillerie qui sape les croyances qu'à l'enthousiasme qui les fonde, il apporta, dans l'âge de la critique, les qualités du critique par excellence. Son génie indépendant et souple à la fois, plus propre aux combats de la pensée qu'à la méditation sérieuse et paisible, ennemi de l'affirmation et du dogmatisme, habile à saisir et à lancer le ridicule, servait singulièrement les dispositions d'une société sceptique et frondeuse : unissant à la variété des connaissances la variété des talents, remplaçant la patience par une prompte sagacité, la profondeur par l'étendue, la vigueur des conceptions par la finesse et la netteté des aperçus, il attaquait à la fois l'ennemi sur tous les points; il passait légèrement sur tous les objets, laissant partout de vives traces de lumière; il allait rarement au-delà d'une première vue, mais cette première vue était presque toujours juste. Avec ces qualités et sa supériorité littéraire, Voltaire devait être le chef de cette philosophie *militante* qui s'élevait au sein du dix-huitième siècle, et qui s'apprêtait à réagir contre les abus du vieil ordre social.

Ce rôle a dû lui faire de nombreux ennemis, surtout de ces ennemis qui ne pardonnent point, et dont la haine, pieusement transmise d'âge en âge, se conserve comme un titre de famille : de là, tant de jugements passionnés sur sa personne et sur son caractère. Sans doute, dans sa longue carrière, l'auteur de *la Henriade* a payé plus d'un tribut à la faiblesse humaine. D'autres ont montré plus de tenue dans la conduite, plus d'austérité dans les principes, une dignité plus soutenue dans le langage. Son imagination mobile, son tempérament irritable, lui firent perdre quelquefois cette attitude noble et ferme qui sied à la vertu. Dans plus d'une occasion, il s'emporta jusqu'à l'injure, il descendit jusqu'à la flatterie. La crainte lui arracha souvent des professions de foi, louables assurément si elles eussent été sincères, mais peu honorables, si elles n'étaient que des actes de faiblesse. Élève d'une société peu sévère sur les mœurs, il blessa quelquefois la pudeur dans ses ouvrages : il manqua, envers l'héroïne de la France, à la religion du patriotisme et à la religion du malheur : il eut des torts graves envers Jean-Jacques Rousseau. Mais si son caractère ne fût pas exempt de défauts, si sa conduite ne fut pas exempte d'erreurs, son cœur fut éminemment généreux et sensible. Nul homme n'a fait plus de bien sur la terre. Ami fidèle et dévoué, maître indulgent, protecteur plein de zèle pour tous les malheureux, jamais il ne refusa un service qui fût en son pouvoir : il fit le plus digne usage de sa fortune et de sa renommée : le mérite indigent n'eut point de protecteur plus zélé; les opprimés, de plus sûr appui; la tolérance, de plus constant défenseur. Il eut en horreur la violence et la cruauté : les doctrines malfaisantes, les institutions sanguinaires trouvèrent en lui un adversaire aussi ardent qu'infatigable; ses réclamations courageuses décidèrent ou préparèrent une foule de réformes utiles; l'abolition de la torture et des supplices recherchés, l'application plus rare de la peine de mort, la liberté religieuse, la suppression de la servitude personnelle. S'il n'eut point un grand caractère, il eut une ame brûlante d'humanité. L'histoire nous montre des hommes d'une vertu plus ferme et plus imposante; peut-être n'en offre-t-elle aucun qui ait mieux mérité du genre humain.

BERVILLE.

www.ingramcontent.com/pod-product-compliance
Lightning Source LLC
Chambersburg PA
CBHW070537050426
42451CB00013B/3051